학습컨설팅 시리즈

03

# 학습전략 프로그램 워크북

## : 기억전략

Learning Strategies Program Workbook: Memory Strategy

김정섭 · 강명숙 · 윤채영 · 정세영
김지영 · 김소영 · 황두경

박영story

# 머리말

미래에는 학습이 중심이 되는 시대가 올 것이며, 평생학습이 더 확산될 것이다. 그러나 아직까지 학교현장은 학습보다 교육에, 학생역량보다 교사역량에 더 초점을 두는 것 같다. 가르치는 사람이 교육의 주체라고 여기는 사람들이 여전히 많기 때문이다. 대부분의 사람들은 교사가 잘 가르치면 학생은 잘 배울 것이라고 믿는다. 그래서 많은 교육자들이 학습의 질은 교육의 질을 넘어설 수 없다고 말한다.

그러나 교육의 질과 학습의 질을 동의어로 보아서는 안 된다. 교사의 역량과 상관없이 학생이 자기주도적으로 학습할 때 더 잘 배울 수 있기 때문이다. 교사가 가르치는 역량을 높여야 학습이 잘 이루어진다는 생각은 학생을 지나치게 수동적인 존재로 보는 관점이다. 교사가 어떻게 가르치느냐에 따라 학생의 학습수준이 결정된다고 보기 때문이다.

우리는 이런 관점에서 벗어나 학생의 학습역량을 높이는 것이 무엇보다 중요하고 선결되어야 한다는 관점을 가지고 있다. 학생이 학습으로부터 도망가고 있는데, 교사의 수업역량만 개선하는 것은 문제의 본질을 건드리지 못하고 변죽만 울리는 꼴이다. 교사연수를 통해 교사의 역량을 향상시키려 하였으나 학생의 학습문제가 더 심각해지는 현실을 보면, 교육에 대한 관점의 전환이 필요한 시점임을 알 수 있다. 우리나라 학생들은 대부분 대학진학을 목표로 열심히 공부하면서 학창시절을 보내고, 대학진학 후에도 취업하기 위해 열심히 공부한다. 그러나 많은 대학생은 스스로 학습관리를 해 나가야 하는 학습환경 속에서 당혹감과 상실감을 경험한다. 대학 수업에 적합한 학습전략을 가지고 있지 않을 때 더욱 그렇다. 우리는 학업에 적응하지 못하는 대학생을 연구하며, 이러한 문제를 해결하기 위해 초등학생 및 중학생 때부터 학습전략을 익히고 활용하는 것이 중요하다는 것을 알게 되었다. 여러 해 동안 초등학교와 중학교에 학습전략 프로그램을 적용하며 그 효과를 연구하였고, 많은 연구물과 책을 발간하게 되었다. 그리고 기존의 책들을 정리하여 이 책을 재출간하였다.

특히 아직 스스로 학습하는 방법을 모르는 초등학생과 중학생들에게 이 학습전략 프로그램을 권하고 싶다. 또한 학교나 기타 교육기관도 학생들에게 단지 '열심히 공부하라'고 말하기보다는 이 프로그램을 도입하여 아이들이 진정한 꿈을 찾고 그 꿈을 달성하는 방법을 익히도록 도와주기를 권한다.

이 책은 다음과 같이 구성되어 있다. 첫 권은 시간관리에 관한 것이다. 학습의 양은 실제로 학습한 시간에 정비례한다. 학습하기 위해 사용한 시간이 많을수록 배운 것이 더 많다는 것이다. 여기서 중요한 점은 책상에 앉아 있는 시간이 아니라 집중해서 학습한 시간의 양이다. 목표의식을 잃은 아이들은 학습에 집중하지 못하고 왜 학습해야 하는지도 모른다. 따라서 학습은 시간관리부터 시작해야 한다. 이 책의 안내에 따라 교육받은 학생은 자신의 꿈을 찾는 것과 그 꿈을 이루기 위해 시간을 효과적으로 관리하는 방법을 배우게 될 것이다.

둘째 권의 집중전략 부분에서는 집중이 잘되는 환경을 만들고, 집중력을 높이는 다양한 방법이 소개되어 있다. 이 책에서는 학생들이 자신의 어떤 집중력이 부족한지 파악하고 그것을 극복하는 방법을 배우게 될 것이다.

셋째 권은 기억전략의 내용을 담고 있다. 아무리 많은 시간 동안 집중해서 공부했더라도 자고 나서 그것을 잊어버린다면 정말 안타까울 것이다. 따라서 배운 것을 잘 기억하는 방법을 익히면 그렇지 않은 학생에 비해 더욱 학업성취도를 높일 수 있을 것이다.

넷째 권의 읽기전략 부분에서는 사칙연산이라는 신선한 접근법을 통하여 읽기전략을 쉽게 가르치고 배울 수 있다. 특히 대부분의 학생들이 어려워하는 추론하면서 읽기 부분을 세분화하여 단계별로 학습할 수 있도록 구성하였다.

다섯째 권의 시험관리는 평소 공부습관과 시험에 대한 태도부터 시험 직전까지의 준비와 실제 시험상황 그리고 시험 후의 분석까지 체계적으로 알려주고 있다. 또 시험불안에 대한 정도를 알아보고 이를 극복할 수 있는 방안까지 제시하고 있어서 시험에 대한 걱정이 많은 학생들에게 도움이 될 것이다.

이 다섯 가지의 학습전략 프로그램은 학습컨설턴트나 교사가 학생들에게 쉽게 전달할 수 있도록 수업지도안 형태로 구성되었으므로, 전문가가 학생들에게 쉽게 전달할 수 있는데 조금이나마 도움이 되리라 믿어 의심치 않는다. 많은 이들이 사용해보고 피드백을 연구진에게 전해 준다면, 점차 더 좋은 책으로 발전되리라 확신한다.

OECD 국가 중 행복지수에서 우리나라가 항상 하위권에 머무르고 있다. 더구나 학생들의 행복지수는 거의 꼴등에 가까운 것이 현실이다. 따라서 이 책을 통해 많은 아이들이 학습에 있어서 진정한 행복을 느낄 수 있기를 진심으로 바라는 바이다. 끝으로 이 연구결과물이 나올 수 있게 도움을 주신 많은 분들께 감사의 말을 전한다.

**저자를 대표하여 김 정 섭**

# 목 차

chapter

01

# 기억의 과정과 작업기억전략

Dream!
Best
1
2
3

# CHAPTER 01 기억의 과정과 작업기억전략

◉ 여러분은 기억력을 향상시키기 위해 우선 기억이 무엇이며, 어떤 과정을 통해 우리가 받아들이는 정보가 머릿속에 기억될 수 있는지 알 필요가 있습니다. 기억은 외부에서 들어온 정보를 어떤 방식으로 저장하는지, 정보가 유지되는 시간이 얼마나 되는지에 따라 감각기억, 작업기억, 장기기억으로 구분할 수 있습니다. 우리가 받아들인 정보는 시각, 청각, 촉각, 미각, 후각의 감각기관으로 정보를 받아들여 단 몇 초 간 정보를 저장하는 감각기억을 거쳐 아주 일부만 작업기억으로 옮겨갑니다. 작업기억은 바로 이 순간 우리가 노력으로 만들어 낼 수 있는 유일한 기억입니다. 그래서 공부할 때 우리가 잘 알고 있어야 하는 중요한 기억이기도 합니다. 가만히 책을 눈으로 보기만 하고, 수업을 듣기만 하면 기억에 저장되는 것은 거의 없습니다. 작업기억을 만들기 위해서는 반복해서 외우고, 다시 떠올려보고, 표를 만들어 보는 방법 등의 노력이 필요합니다. 이렇게 노력해서 만들어진 작업기억은 영원히 머릿속에 저장되어 언제든 필요할 때 쓸 수 있는 장기기억이 됩니다. 장기기억은 핵심단서로 잘 묶어 기억해 두면, 필요할 때 핵심단서로 끌어올려 작업기억과 협력해서 새롭고 더 복잡한 기억의 구조로 만들어 질 수 있습니다. 이렇게 기억은 감각기억-작업기억-장기기억의 과정을 거쳐 머릿속에 저장되므로, 각 기억의 특징을 잘 이해할 필요가 있습니다.

◉ 제1장은 작업기억에 들어온 정보를 보유하도록 하는 기초적인 기억전략을 연습하도록 구성되어 있습니다. 이 장에서는 작업기억에 들어온 정보를 유지하도록 돕는 시연전략과 5개에서 9개 수준으로 제한된 작업기억의 용량을 효율적으로 활용하도록 하는 청킹전략을 연습하게 될 것입니다.

## 목표

◉ 기억의 과정과 감각기억, 작업기억, 장기기억의 개념을 알 수 있다.

◉ 시연전략과 청킹전략을 활용할 수 있다.

◉ 작업기억 능력을 높일 수 있다.

## 준비물

◉ 학생용 워크북

모듈 1.1

# 기억력이란 무엇일까?

**활동 1** 다음 내용을 읽어가면서 기억력이란 무엇이며, 기억의 과정은 어떻게 이루어져 있는지 알아봅시다. 그리고 빈칸에 알맞은 답을 넣어보세요.

## 기억력이란?

## 기억의 과정

| | |
|---|---|
| 감각기억 | |
| 작업기억 | |
| 장기기억 | |

## 모듈 1.2

# 작업기억력 높이기

**활동 1** 숫자를 잘 듣고 기억한 후, 숫자를 빈칸에 거꾸로 적어보세요.

| | | | |
|---|---|---|---|
| | | | |

| | | | |
|---|---|---|---|
| | | | |

| | | | |
|---|---|---|---|
| | | | |

| | | | |
|---|---|---|---|
| | | | |

| | | | |
|---|---|---|---|
| | | | |

**활동 2** 들려주는 단어를 잘 듣고 기억한 후, 단어를 빈칸에 거꾸로 적어보세요.

**활동 3** 들려주는 숫자와 글자를 기억한 후, 그 내용을 빈칸에 거꾸로 적어보세요.

| | | | |
|---|---|---|---|
| | | | |
| | | | |
| | | | |
| | | | |

## 모듈 1.3

# 보고보고 또 보면서 외우기

**활동 1** **지금까지 배운 내용을 복습해 보는 시간입니다.
다음 표에 담긴 '시연전략'의 내용과 방법을 되새겨 보세요.**

| | |
|---|---|
| 정의 | ◦ 시연이란 정보를 반복해서 외우는 방법이다. |
| 방법 | ◦ 기억할 문항을 반복해서 소리 내어 외운다.<br>◦ 기억할 문항을 마음속으로 반복해서 외운다.<br>◦ 기억할 문항을 작은 카드로 만들어서 외운다. |
| 장점 | ◦ 반복해서 암기하면 잘 외울 수 있다.<br>◦ 반복해서 암기하는 습관을 기르면 공부를 잘 할 수 있다. |
| 보기 | (아래 암기 카드) |

| 암기 카드 | |
|---|---|
| live | 살다 |
| 삼각형의 넓이 | 밑변×높이×1/2 |
| 모네 | 인상주의 |

**활동 2** 1단계: 간단한 단어들을 '시연'방법으로 외워보는 연습을 해보겠습니다.

화면에서 본 단어들을 기억나는 대로 적어보세요.

| | | | | |
|---|---|---|---|---|
| | | | | |
| | | | | |

화면에서 본 단어들을 기억나는 대로 적어보세요.

| | | | | |
|---|---|---|---|---|
| | | | | |
| | | | | |
| | | | | |

활동 3 2단계: 간단한 그림들을 '시연'방법으로 외워보는 연습을 해보겠습니다.

화면에서 본 그림들을 기억나는 대로 적어보세요.

| | | | | |
|---|---|---|---|---|
| | | | | |

화면에서 본 그림들을 기억나는 대로 적어보세요.

| | | | | |
|---|---|---|---|---|
| | | | | |
| | | | | |

**활동 4** 3단계: 문장을 '시연'방법으로 외워보는 연습을 해보겠습니다.

화면에서 본 문장을 기억나는 대로 적어보세요.

화면에서 본 그림들을 기억나는 대로 적어보세요.

모듈 1.4

## 싹둑싹둑 잘라서 외우기

**활동 1** 지금까지 배운 내용을 복습해 보는 시간입니다.
다음 표에 담긴 '청킹전략'의 내용과 방법을 되새겨 보세요.

| | |
|---|---|
| 정의 | ◦ 청킹(chunking)이란 정보를 의미 있게 묶어서 외우는 방법이다. |
| 방법 | ◦ 전화번호와 같이 긴 숫자는 3개나 4개로 묶어서 외운다.<br>◦ 문장은 띄어쓰기 중심으로 끊어서 외운다.<br>◦ 영어문장은 단어중심으로 끊어서 외운다. |
| 장점 | ◦ 청킹전략을 활용하면 기억 용량을 크게 늘일 수 있다.<br>◦ 청킹전략을 활용하면 무작정 외울 때보다 더 잘 외워진다. |
| 보기 | ◦ 7070070007000070007000700070<br>⇒ 70 / 700 / 7000 / 70000 / 7000 / 700 / 70<br>◦ 아버지가죽을드신다.<br>⇒ 아버지가 / 죽을 / 드신다.<br>◦ Hewantstobeateacher.<br>⇒ He / wants / to / be / a / teacher. |

**활동 2** 1단계: 숫자덩어리 하나를 의미단위 여러 개로 끊어보는 연습을 해보겠습니다.

다음 숫자를 외우기 쉽게 / 표로 끊어 보세요.

0552963548　　0514789024

505005000500505

88099910001001

다음 숫자를 외우기 쉽게 / 표로 끊어 보세요.

0547328428　　033243537

0100100010000110000100010010

699700701702720719718

114115211311411543432321

활동 3 2단계: 글자덩어리 하나를 의미단위 여러 개로 끊어보는 연습을 해보겠습니다.

다음 단어를 외우기 쉽게 / 표로 끊어 보세요.

의 자 석 고 단 백 질 소 리

d o g c a t e g g f i s h

대 박 수 세 미 나 라 디 지 털 복 숭 아

다음 단어를 외우기 쉽게 / 표로 끊어 보세요.

기차비석탄수화물오징어부엉이

p i g f l o w e r b i r d l i o n t i g e r

평 양 고 기 술 래 잡 기 합 창 단 무 지 개

d e s k p e n c i l t a b l e b o o k t r e e

**활동 4** **3단계: 한 문장을 의미단위 여러 개로 끊어보는 연습을 해보겠습니다.**

다음 문장을 외우기 쉽게 / 표로 끊어 보세요.

어머니가장구를치신다.

호식이치킨두마리만삼천원

호식이치킨두마리만삼천원

오늘밤나무사온다.

오늘밤나무사온다.

다음 문장을 외우기 쉽게 / 표로 끊어 보세요.

아기다리고기다리던방학이다.

아기다리고기다리던방학이다.

HelikesbooksbutIdon'tlikebooks.

HelikesbooksbutIdon’tlikebooks.

친구야나물좀다오

친구야나물좀다오

가을이오자석양이유달리붉게빛나고물은더맑아보인다.

가을이오자석양이유달리붉게빛나고물은더맑아보인다.

chapter 02

# 기초 장기기억전략

100

# CHAPTER 02 기초 장기기억전략

◉ 장기기억은 여러분이 공부한 내용을 차곡차곡 정리해 두었다가 그 내용이 필요할 때 찾아서 쓸 수 있도록 저장을 하는 기억입니다. 공부한 내용을 장기기억으로 만들어 잘 저장해 두었다가 찾아쓰는 것이 학습의 중요한 목표입니다. 장기기억은 작업기억보다 더 심층적으로 정보를 처리하여 저장하는 곳입니다. 장기기억은 우리의 뇌가 좋아하는 코드로 정보를 변환하는 약호화 → 저장 → 인출의 과정을 통해 저장됩니다. 정보 처리의 각 단계는 처리 수준에 어울리는 기억 부호로 약호화됩니다.

◉ 제2장에서는 비슷한 특징을 가진 것들을 묶어서 암기하는 분류기법, 첫 글자를 따서 의미 있는 문장이나 단어를 만들어 암기하는 머리글자 기법, 외워할 단어나 문장을 머릿속에서 특정한 그림을 그려서 암기하는 이야기 기법을 공부하게 될 것입니다. 2장에서 배우게 될 기억전략은 1장보다 높은 수준의 기억전략으로 구성되어 있습니다.

## 목표

◉ 장기기억의 개념과 장기기억에서 저장 뿐 아니라 인출의 중요성을 이해할 수 있다.

◉ 비슷한 항목끼리 묶어서 외우는 방법을 활용할 수 있다.

◉ 첫 글자만 따서 외우는 방법을 활용할 수 있다.

◉ 머릿속에 그림을 그려서 외우는 방법을 활용할 수 있다.

## 준비물

◉ 학생용 워크북, 색연필

## 모듈 2.1

# 끼리끼리 모아서 외우기

**활동 1** **지금까지 배운 내용을 복습해 보는 시간입니다.**
**다음 표에 담긴 '분류기법'의 내용과 방법을 되새겨 보세요.**

| | |
|---|---|
| 정의 | ◦ 분류기법이란 비슷한 특징을 가진 것을 함께 묶어서 외우는 방법이다. |
| 방법 | ◦ 외워야 할 내용을 비슷한 것끼리 묶는다.<br>◦ 묶은 내용에 이름이나 설명을 붙인다.<br>◦ 묶음별로 내용을 외운다. |
| 장점 | ◦ 분류기법을 활용하면 많은 정보를 한꺼번에 기억할 수 있다.<br>◦ 분류기법을 활용하면 장기기억의 용량을 증가시킬 수 있다. |
| 보기 | 사과, 연필, 풀, 세탁기, 복숭아, 텔레비전, 귤, 청소기, 지우개, 냉장고, 오렌지, 볼펜<br><br>◦ 과일:<br>◦ 가전제품:<br>◦ 학용품: |

**활동 2** 1단계: 표에 제시된 단어들을 대표하는 상위 분류 기준을 만들어보는 연습을 해보겠습니다.

다음 단어들을 보고 집단의 이름을 붙여보세요.

| 단어 | 집단의 이름 |
|---|---|
| 고양이 참새 토끼 거북이 | |
| 장미 수선화 백합 채송화 | |
| 아메리카 아프리카 아시아 유럽 | |
| 쌀 밀 보리 귀리 | |
| 인도양 태평양 대서양 북극해 | |

다음 단어들을 성격이 비슷한 것끼리 묶은 후 집단의 이름을 붙여보세요.

| | | | | |
|---|---|---|---|---|
| 소방관 | 1 | 국어 | 서울 | 보라 |
| 수학 | 파랑 | 아나운서 | 사회 | 도쿄 |
| 6 | 런던 | 3 | 빨강 | 울산 |
| 요리사 | 노랑 | 영어 | 마술사 | 8 |

| 단어 | 집단의 이름 |
|---|---|
| | |
| | |
| | |
| | |
| | |

활동 3

**2단계: 표에 제시된 단어들 중 속성이 다른 것을 제외시킨 후, 대표하는 상위 분류 기준을 만들어 보는 연습을 해보겠습니다.**

다음 단어 중 성격이 비슷하지 않은 것을 골라 표시하고, 나머지 단어 집단의 이름을 붙여보세요.

| 단어 | 집단의 이름 |
|---|---|
| 행복 불안 희망 기쁨 | |
| 양 소 돼지 말 오리 | |
| 꽹과리 피아노 첼로 바이올린 | |
| 덧셈 뺄셈 분수 나눗셈 | |
| cat cow tiger duck | |

다음 단어 중 성격이 비슷하지 않은 것을 골라 표시하고, 나머지 단어 집단의 이름을 붙여보세요.

| 단어 | 집단의 이름 |
|---|---|
| 사과 복숭아 자두 상추 | |
| run walk desk jump | |
| 강감찬 이황 계백 을지문덕 | |
| 당나귀 강아지 송아지 망아지 | |
| 5/10 1/2 0.5 5.0 | |

**활동 4** **3단계: 표에 제시된 문장들을 같은 속성을 가진 것을 묶은 후, 대표하는 상위 분류 기준을 만들어 보는 연습을 해보겠습니다.**

다음 문장을 성격이 비슷한 것끼리 묶고, 집단의 이름을 붙여보세요.

| | |
|---|---|
| 낫 놓고 기역자도 모른다 | 영희는 뚱뚱하다 |
| 가로×세로 | 악법도 법이다 |
| 고통 없이 얻는 것도 없다 | 소 잃고 외양간 고친다 |
| 누워서 떡먹기 | 시간은 금이다 |
| 민수는 크다 | 반지름×반지름×3.14 |
| 밑변×높이×1/2 | 지훈이는 작다 |

| 문장 | 대표 이름 |
|---|---|
| | |
| | |
| | |
| | |

다음 문장을 비슷한 주제끼리 묶은 후, 외워보세요.

| |
|---|
| 미국인들은 칼과 포크를 들고 식사를 한다. |
| 영국인들은 주말마다 온 가족이 함께 모여서 식사를 한다. |
| 한국의 주요한 식사 도구는 숟가락과 젓가락이다. |
| 인도인들은 주로 손가락으로 밥을 먹는다. |
| 조선시대 한국인들은 여자와 남자가 따로 식사를 했다. |
| 프랑스에서는 옛날부터 식사 때마다 와인을 마셨다. |

모듈 2.2

# 첫 글자만 모아서 외우기

**활동 1** **지금까지 배운 내용을 복습해 보는 시간입니다.**
**다음 표에 담긴 '머리글자 기법'의 내용과 방법을 되새겨 보세요.**

| | |
|---|---|
| 정의 | ◦ 머리글자 기법이란 기억해야 할 내용의 첫 글자나 첫 단어를 이용하여 외우는 방법이다. |
| 방법 | ◦ 기억해야 할 내용의 첫 글자나 첫 단어를 순서대로 표시한다.<br>◦ 첫 글자나 첫 단어로 말을 만들어 본다.<br>◦ 의미 있는 말이 만들어지면 그대로 외우고 아니면 순서를 바꾸어 의미 있는 문장으로 만들어본다<br>(단, 순서가 중요할 경우에는 의미와 상관없이 그대로 외운다).<br>※ 기억해야 할 문항의 첫 글자로 재미있는 문장이나 노래로 만들어 외울 수도 있다. |
| 장점 | ◦ 순서나 차례를 기억할 때 효과적이다.<br>◦ 여러 개의 단어나 문장을 한꺼번에 외울 수 있다.<br>◦ 문장을 만들어 외우면 오랫동안 기억할 수 있다. |
| 보기 | ◦ 대학원, 박사, 공부, 연극, 희망, 트럼펫, 치약, 다림질 ⇒ ______________<br>◦ 경주, 석가탄신일, 고인돌, 구석기, 경축일, 가야, 신라 ⇒ ______________ |

**활동 2** 1단계: 표에 제시된 단어들을 머리글자기법으로 순서대로 외워보는 연습을 해보겠습니다.

화면에 나온 단어들의 머릿글자를 따서 외워보세요.

| | | | | |
|---|---|---|---|---|
| | | | | |
| | | | | |

화면에 나온 단어들의 머릿글자를 따서 의미 있는 문장으로 만들어 외워보세요.

| 단어 | | | | | |
|---|---|---|---|---|---|
| 의미있는 문장 | | | | | |
| | | | | | |

화면에 나온 단어들의 머릿글자를 따서 외워보세요.

| | | | | |
|---|---|---|---|---|
| | | | | |
| | | | | |
| | | | | |

화면에 나온 단어들의 머릿글자를 따서 의미 있는 문장으로 만들어 외워보세요.

| 단어 | | | | | | | | | | |
|---|---|---|---|---|---|---|---|---|---|---|
| 의미있는 문장 | | | | | | | | | | |
| | | | | | | | | | | |

활동 3

2단계: 표에 제시된 단어들을 머릿글자기법으로 순서대로 외워보는 연습을 해보겠습니다.

화면에 나온 문장의 머릿글자를 따서 외워보세요.

화면에 나온 문장의 머릿글자를 따서 외워보세요.

## 모듈 2.3

# 머릿속에 그려서 외우기

**활동 1** **지금까지 배운 내용을 복습해 보는 시간입니다. 다음 표에 담긴 '이미지화 기법'의 내용과 방법을 되새겨 보세요.**

| | |
|---|---|
| 정의 | ◦ 이미지화 기법이란 기억해야 할 내용을 머릿속에서 그림으로 그려 외우는 방법이다. |
| 방법 | ◦ 기억해야 할 단어나 문장을 찬찬히 살펴보면서 서로 관련지어 본다(엉뚱할수록 더 좋다).<br>◦ 관련된 단어나 문장에 맞는 그림을 그려본다.<br>◦ 그림을 떠올리며 다시 단어나 문장을 한 번 더 외워본다. |
| 장점 | ◦ 문장으로 외우기 어려운 내용을 잘 기억할 수 있다.<br>◦ 좌뇌와 우뇌를 동시에 사용하기 때문에 기억한 내용을 쉽게 잊지 않는다. |
| 보기 | 고양이, 로봇, 부엌, 라면, 달걀, 양파<br><br>⇒ |

**활동 2** 1단계: 표에 제시된 단어들을 이미지화기법으로 외워보는 연습을 해보겠습니다.

화면에 나온 단어들을 머릿속에 그림으로 그려서 외워보세요.

화면에 나온 단어들을 머릿속에 그림으로 그려서 외워보세요.

**활동 3** 2단계: 표에 제시된 문장들을 이미지화기법으로 외워보는 연습을 해보겠습니다.

화면에 나온 문장을 머릿속에 그림으로 그려서 외워보세요.

화면에 나온 문장을 머릿속에 그림으로 그려서 외워보세요.

chapter

# 03

# 심화 장기기억전략

# CHAPTER 03 심화 장기기억전략

◉ 여러분은 공부한 내용을 오랫동안 기억해 질문을 받을 때나 시험을 칠 때 잘 쓸 수 있으면 좋겠다고 생각한 적이 있을 것입니다. 공부한 내용을 오랫동안 기억해 두면서 필요할 때 잘 꺼내쓸 수 있도록 하는 방법은 장기기억에 정보를 의미 있게 약호화해 두는 것입니다. 정보를 의미 있게 약호화한다는 것은 기존의 정보와 새로운 학습 정보를 관련성을 이해하면서 비슷한 정보를 잘 묶어서 기억하는 것입니다. 관련된 정보를 잘 묶어서 기억을 해 두면, 정보를 연상시키는 단서가 투입되었을 때 관련 정보를 장기기억에서 금방 인출해 낼 수 있습니다.

◉ 제3장은 기억해야 할 단어를 이야기로 만들어 외우는 이야기 기법, 기억해야 할 내용을 조직화하여 간단하게 표로 그려서 외우는 표만들기 기법, 도형이나 그림으로 나타내어 외우는 다이어그램 기법으로 구성되어 있습니다. 제3장에 배우게 될 기억전략들은 여러분이 정보를 의미있게 약호화하여 관련 단서로 잘 묶어 쉽게 꺼내쓸 수 있도록 기억하는데 도움을 줄 것입니다.

## 목표

◉ 이야기를 만들어서 외우는 방법을 활용할 수 있다.

◉ 표를 만들어서 외우는 방법을 활용할 수 있다.

◉ 다이어그램을 그려서 외우는 방법을 활용할 수 있다.

◉ 조직적이고 체계적이며 정교한 장기기억전략의 중요성을 이해할 수 있다.

## 준비물

◉ 학생용 워크북

모듈 3.1

# 이야기 만들어 외우기

**활동 1** **지금까지 배운 내용을 복습해 보는 시간입니다.**
**다음 표에 담긴 '이야기 기법'의 내용과 방법을 되새겨 보세요.**

| | |
|---|---|
| 정의 | ◦ 이야기 기법은 기억해야 할 단어로 이야기를 만들어 외우는 방법이다. |
| 방법 | ◦ 기억해야 할 단어들을 찬찬히 살펴보면서 단어들을 서로 체계적으로 연관시켜본다.<br>◦ 단어를 순서대로 나열하며 하나의 이야기를 만든다.<br>◦ 순서가 중요하지 않으면 단어를 마음대로 배열하여 엉뚱하고 재미있는 내용의 이야기를 만들면 더 좋다.<br>※ 자신을 주인공으로 이야기를 만들면 좀 더 실감날 수 있다. |
| 장점 | ◦ 순서가 중요한 단어를 외우는데 효과적이다.<br>◦ 장기기억 용량을 크게 늘릴 수 있다.<br>◦ 이야기를 만들어 기억하므로 쉽게 잊어버리지 않는다. |
| 보기 | 자동차, 토끼, 수영장, 텔레비전, 모래, 모자, 빵, 나무<br>⇒ 자동차를 산 토끼가 수영장에서 텔레비전을 보더니 갑자기 모래를 들고 와 모자에 빵빵하게 넣은 후 나무에 걸었다(순서가 중요한 경우).<br>⇒ 토끼가 자동차를 타고 텔레비전을 보면서 수영장으로 가는 길에 모래가 가득 담긴 모자에 심긴 빵 나무를 보았다(순서가 중요하지 않은 경우). |

**활동 2** 1단계: 표에 제시된 단어들을 이야기 기법으로 순서대로 외워보는 연습을 해 보겠습니다.

화면의 단어들을 이야기로 만들어 외워보세요.

| 단어 | | 이야기 |
|---|---|---|
| 비행기 | 법원 | |
| 판사 | 휴대전화 | |
| 손목시계 | 강 | |
| 한라산 | 아프리카 | |

| 단어 | | 이야기 |
|---|---|---|
| 머리띠 | 미역 | |
| 마라톤 | 우엉 | |
| 마법사 | 연못 | |
| 공원 | 수박 | |

화면의 단어들을 이야기로 만들어 외워보세요.

| 단어 | | 이야기 |
|---|---|---|
| 임진왜란 | 정조 | |
| 병자호란 | 규장각 | |
| 영조 | 탕평책 | |
| 고구마 | 상인 | |

활동 3

**2단계: 표에 제시된 단어들을 이야기 기법으로 순서와 상관없이 외워보는 연습을 해 보겠습니다.**

화면의 단어들을 이야기로 만들어 외워보세요.

| 단어 | | 이야기 |
|---|---|---|
| 뼈 | 소화 | |
| 환풍기 | 양초 | |
| 작은창자 | 심장 | |
| 호텔 | 동창회 | |
| 콩팥 | 감각 | |

화면의 단어들을 이야기로 만들어 외워보세요.

| 단어 | | 이야기 |
|---|---|---|
| 실천 | 공익광고 | |
| 환불 | 가래떡 | |
| 만병통치 | 할인 | |
| 숫자 | 명동 | |
| 열정 | 흡연 | |

## 모듈 3.2

# 표 만들어 외우기

**활동 1** **지금까지 배운 내용을 복습해 보는 시간입니다.**
**다음 표에 담긴 '표 만들기 기법'의 내용과 방법을 되새겨 보세요.**

| | |
|---|---|
| 정의 | ◦ 표 만들기 기법은 기억해야 할 내용을 조직화하여 간단하게 표로 그려서 외우는 방법이다. |
| 방법 | ◦ 기억해야 할 내용을 꼼꼼하게 읽는다.<br>◦ 종류, 주제, 연도, 인물, 사건 등과 같이 기준을 정하여 분류한다.<br>◦ 분류한 내용을 간단하게 정리해서 표를 만든다.<br>◦ 표로 작성한 후 말로 설명하게 한다. |
| 장점 | ◦ 내용의 기준을 정해서 분류하는 능력이 생긴다.<br>◦ 내용을 분석하고 분류하는 과정에서 독해력이 향상된다.<br>◦ 내용을 체계적으로 조직화함으로써 기억력뿐만 아니라 사고력도 향상된다.<br>◦ 많은 내용을 좀 더 효율적으로 외우는데 도움을 준다. |

**보기**

우리가 태어나기 훨씬 전에 세계에서는 여러 가지 사건들이 일어났습니다. 1492년에는 콜럼버스가 아메리카 대륙을 발견하였고, 1543년에는 코페르니쿠스가 지동설을 주장했으며 1688년에는 영국에서 명예혁명이 일어났습니다. 1770년에는 유명한 작곡가인 베토벤이 태어났고, 1789년에는 프랑스 대혁명이 일어났으며 1815년에는 나폴레옹이 워털루 전쟁에서 패배하였습니다.

▼

| 연도 | 1492 | 1543 | 1688 | 1770 | 1789 | 1815 |
|---|---|---|---|---|---|---|
| 인물, 지역 | 콜럼버스 | 코페르니쿠스 | 영국 | 베토벤 | 프랑스 | 나폴레옹 |
| 주요 사건 | 아메리카대륙 발견 | 지동설 주장 | 명예 혁명 발생 | 탄생 | 프랑스 대혁명 | 워털루 전쟁 패배 |

**활동 2** 1단계: 제시된 문장을 표에 제시된 기준으로 분류하여 표를 채워보는 연습을 해보겠습니다.

### 다음 글을 읽고, 표로 정리해서 외워보세요.

우리나라는 봄, 여름, 가을, 겨울 사계절이 뚜렷하다. 봄에는 날씨가 따뜻하고 여름에는 덥다. 가을에는 시원하고 겨울에는 춥다.

▼

| | | | | |
|---|---|---|---|---|
| | | | | |
| | | | | |

### 다음 글을 읽고, 표로 정리해서 외워보세요.

우리 반에는 같은 달에 태어난 아이들이 많다. 주영이와 성용이가 4월에 태어났고, 7월에는 연아와 연재, 현희가 태어났으며, 10월에 승엽이와 명보와 두리가 태어났다. 그리고 아주 추운 12월에 현주와 보배, 진혁이가 태어났다.

▼

| | | | | |
|---|---|---|---|---|
| | | | | |
| | | | | |

### 다음 글을 읽고, 표로 정리해서 외워보세요.

물에는 작은 생물들이 많이 살고 있습니다. 가늘고 긴 머리카락 모양의 해캄, 몸이 투명한 껍질로 싸여 있는 물벼룩, 논이나 연못의 물에 떠 있는 개구리밥, 그리고 하천이나 호수의 바닥이나 돌 위를 기어 다니는 플라나리아 등이 살고 있어요. (교육부, 2013)

▼

| | | | | |
|---|---|---|---|---|
| | | | | |
| | | | | |

**활동 3** **2단계: 제시된 문장들을 같은 속성으로 분류하여 정리한 후, 표로 만들어보는 연습을 해보겠습니다.**

다음 글을 읽고, 표로 정리해서 외워보세요.

고유어는 우리말에 본디부터 있던 말이나 그것에 기초하여 새로 만들어진 말을 일컫는다. '어버이', '하늘', '땅', '아름답다' 등이 고유어이다. 한자어는 한자를 바탕으로 만들어진 말이다. 한자어가 생기면서 고유어가 사라지기도 하였는데, '고뿔' 대신에 '감기', '샛바람' 대신에 '동풍', '즈믄 해' 대신에 '천 년'이라고 쓰는 경우가 이에 해당한다. 외래어는 다른 나라의 말이 들어와서 우리말처럼 쓰이는 말이다. '냄비', '라디오', '버스', '빵', '텔레비전' 등이 외래어이다. 외국어는 다른 나라의 말이다. '오뎅', '스시', '키보드', '홈페이지', '에어컨' 등이 모두 외국어이다.

(교육부, 2013)

1. 비슷한 집단으로 분류하기

2. 분류한 내용으로 표 만들기

| | | | | |
|---|---|---|---|---|
| | | | | |
| | | | | |

## 모듈 3.3

# 서로서로 연결해서 외우기

**활동 1** 다이어그램 기법으로 외우는 방법을 알아보겠습니다.

| | |
|---|---|
| 정의 | ◦ 다이어그램 기법은 기억해야 할 내용들의 핵심을 파악하여 간결하고 알아보기 쉽게 도형이나 그림으로 나타내어 외우는 방법이다. |
| 방법 | ◦ 기억해야 할 내용을 꼼꼼하게 읽는다.<br>◦ 내용을 큰 개념, 중간 개념, 소개념으로 분류한다.<br>◦ 내용배치를 일관성 있고 의미가 잘 연결되도록 배치한다.<br>◦ 분류한 내용을 간단하게 정리해서 도형이나 그림으로 나타낸다. |
| 장점 | ◦ 내용을 분석하고 분류하는 과정에서 독해력이 향상된다.<br>◦ 내용을 조직화, 정교화, 시각화함으로써 기억력뿐만 아니라 사고력도 향상된다.<br>◦ 많은 내용을 좀 더 효율적으로 외우는데 도움을 준다. |
| 보기 | 오늘은 동물의 종류 중 포유류와 파충류에 대해 배워볼까요?<br>포유류에는 고릴라나 호랑이 같은 동물이 있고, 파충류에는 악어와 뱀과 같은 동물이 있습니다.<br>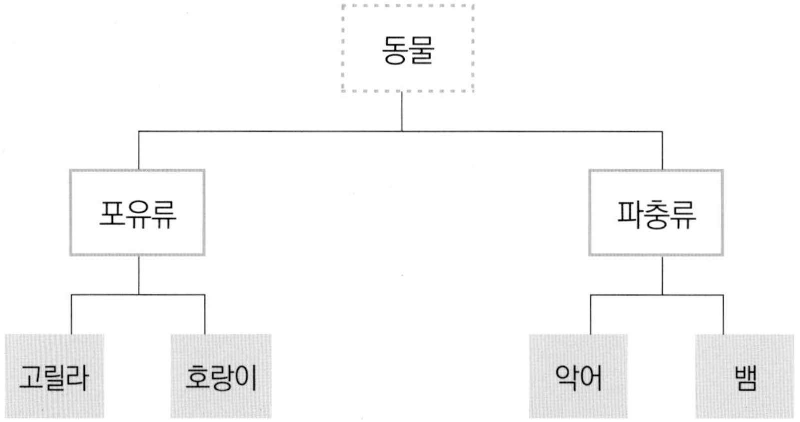 |

활동 2

**1단계: 제시된 글을 같은 속성으로 분류하여 정리한 후, 다이어그램으로 만들어보는 연습을 해 보겠습니다.**

다음 글을 도형이나 그림을 그려서 외워보세요.

동물은 바다에 사는 동물과 육지에서 사는 동물, 하늘에서 사는 동물로 나눌 수 있다. 바다동물에는 고래, 상어, 문어 등이 있고, 육지동물에는 사자, 호랑이, 기린 등이 있으며 하늘에 사는 동물은 독수리, 올빼미, 까마귀 등이 있습니다.

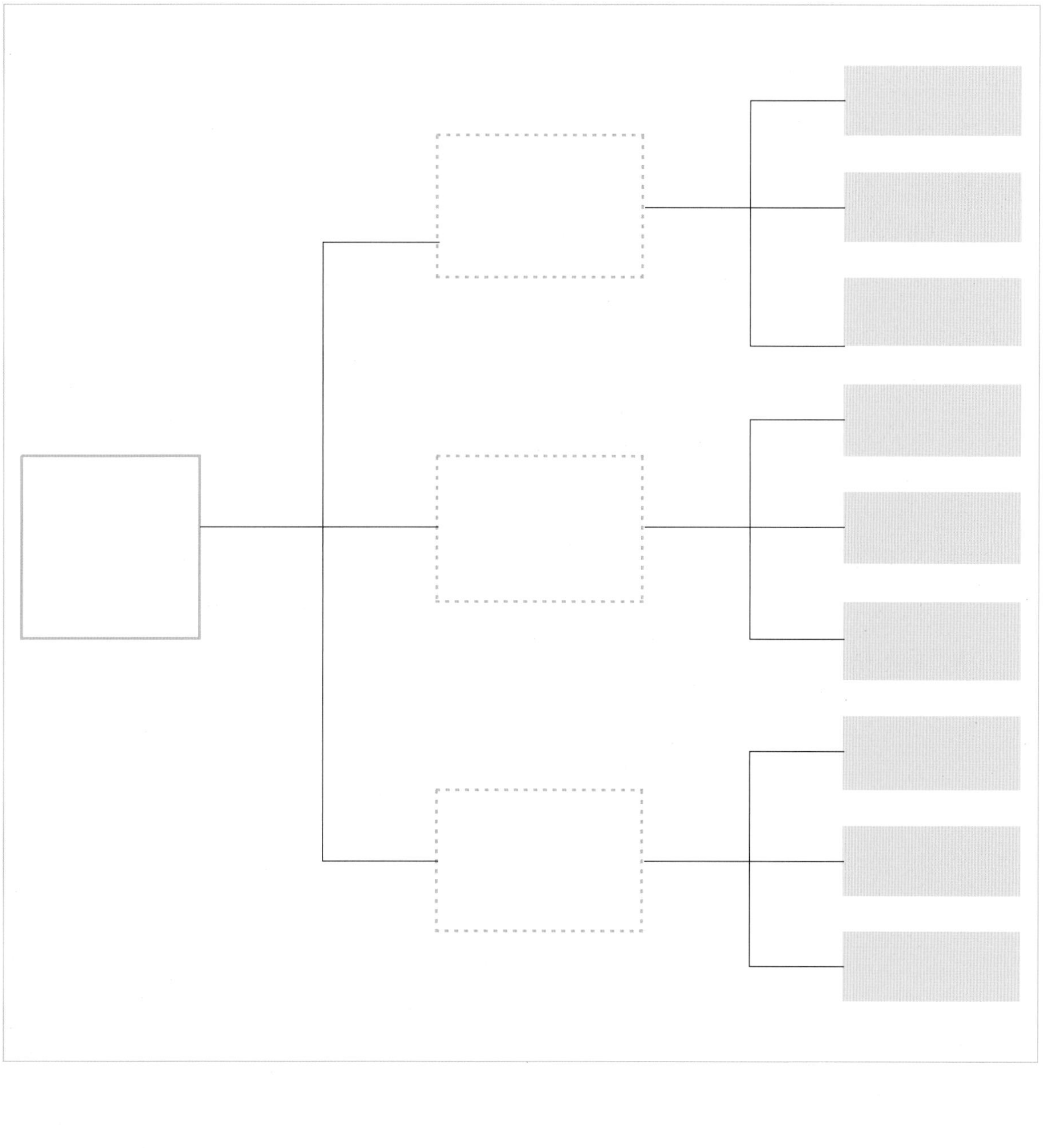

## 활동 3 2단계: 제시된 글을 같은 속성으로 분류하여 정리한 후, 다이어그램으로 만들어보는 연습을 해 보겠습니다.

### 다음 글을 도형이나 그림을 그려서 외워보세요.

현재 지구촌의 중요한 과제 중 하나는 '탄소 없는 지구 만들기' 입니다. 부천시처럼 탄소를 '잡아먹는' 숲을 만들기도 하고, 여러 나라가 모여 '탄소를 배출하는 양에 따라 탄소를 없애는 데 드는 비용을 내자'고 약속을 하기도 합니다. 아랍에미리트 아부다비의 사막 한복판에는 탄소 제로 도시 '마스다르'가 만들어지고 있습니다. 탄소 제로 도시란 탄소 배출량이 말 그대로 '제로(0)'인 도시입니다. 2020년 완성될 예정이지요.

'마스다르'에는 탄소 배출을 막는 아이디어가 곳곳에 숨어있어요. 대부분의 거리는 남북 방향으로 뻗어있습니다. 동쪽에서 해가 뜨고 서쪽으로 지는 동안 그림자 길이를 최대한 길게 해서 에어컨 없이도 도시를 시원하게 만들기 위한 것입니다. 또 골목은 길고 좁아요. 좁고 긴 골목을 지나면서 바람의 속도가 빨라지고 더운 공기의 온도를 자연스럽게 낮추기 위해서입니다. 2020년부터는 자동차 출입도 금지됩니다. 대신 탄소를 배출하지 않는 '친환경 모노레일'이 도시를 달리지요.

(어린이동아, 2012.3.12)

▼

1. 내용을 개념별로 분류하기

▼

2. 분류한 내용으로 다이어그램 그리기

chapter 04

# 수업장면에서 기억력 관리

모듈 4.1 수업장면에서 기억력 관리

# CHAPTER 04 수업장면에서 기억력 관리

- 여러분은 학교 수업을 통해 많은 정보를 학습해 나갑니다. 혹시 수업시간에 배운 많은 내용을 효과적으로 정리하고 기억할 수 있는 여러분만의 비법을 가지고 있나요? 공부하는 시간 중 대부분을 차지하는 수업시간 내에 배우는 많은 정보들을 나중에 쉽게 사용할 수 있는 방법으로 효율적으로 기억한다면, 여러분도 "공부가 제일 쉬웠어요."라고 자신 있게 말할 수 있을 겁니다. 수업을 듣고 필기만 하고 지나가는 것으로 생각해서는 안 됩니다. 시간이 지나 혼자 복습할 때도 수업시간에 공부한 내용이 생생히 기억나도록 핵심내용을 기억해 두는 방법을 익혀 둡시다.
- 제4장은 수업시간에 배운 내용을 분류하고 정리하여 표나 다이어그램으로 조직화하여 요약한 후 암기하는 방법으로 구성되어 있습니다.

## 목표

- 개념 간의 관계를 알고 잘 분류할 수 있다.
- 효율적인 기억을 위한 수업내용 정리방법을 이해할 수 있다.

## 준비물

- 학생용 워크북

## 모듈 4.1

## 수업장면에서 기억력 관리

**활동 1** 지금까지 배운 내용을 복습해 보는 시간입니다.
다음 그림을 보면서 '수정표다내' 수업관리 방법을 되새겨 보세요.

| STEP 01 | STEP 02 | STEP 03 | STEP 04 | STEP 05 |
|---|---|---|---|---|
| 수업내용을 반복적으로 떠올리고, 듣고 본 내용을 핵심개념 정리하기 | 정리한 내용 다시 분류하기 | 표로 정리하기 | 다이어그램으로 정리하기 | 내용을 한 문장으로 정리하기 |

효율적인 기억을 위한 수업내용 정리방법

수정표다내

**활동 2** 아래 글을 '수정표다내' 기법을 활용하여 '곤충들의 폭우대피 요령'을 정리해보세요.

예고도 없이 쏟아지는 소나기에 발이 묶여 동동거리는 사람들의 모습은 여름날의 흔한 풍경이다. 갑자기 퍼붓는 비는 사람뿐 아니라 곤충들에게도 골칫거리다. 최근 영국 일간지 데일리메일은 최근 폭우 속 곤충 세계를 담은 러시아 작가 바딤 트루노브의 사진 작품을 소개했다.

| | |
|---|---|
| 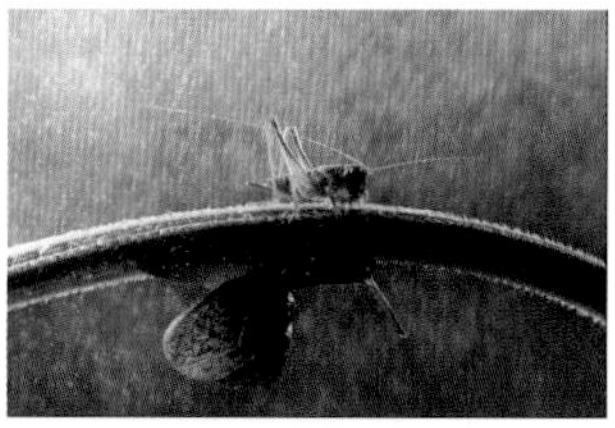 | '메뚜기보다 똑똑한 달팽이'<br>풀줄기 밑에 딱 달라붙어 비를 피하는 달팽이와 그 바로 위에서 하염없이 빗방울을 맞고 있는 메뚜기의 모습이 재미난 대비를 이룬다. |
|  | '내 우산 어때?'<br>마치 우산을 쓴 것처럼 보라색 꽃 아래 매달린 나비. |
|  | 뗏목이라도 만들어야 하나?'<br>나뭇잎 위에 간신히 몸을 실은 개미 한 마리가 사방을 둘러싼 물웅덩이를 고민스레 바라보고 있다.<br>(소년한국일보(2012.7.29.) |

▼

1. 수업내용을 반복적으로 떠올리고 듣고 본 내용을 그대로 정리하기

▼

2. 정리한 내용 다시 분류하기

▼

### 3. 표로 정리하기

| | |
|---|---|
| | |
| | |
| | |
| | |

▼

### 4. 다이어그램으로 정리하기

▼

### 5. 내용을 한 문장으로 정리하기

## 참고문헌


교육부(2014). 초등학교 4학년 1학기 읽기.
교육부(2013). 초등학교 5학년 과학.
교육부(2013). 초등학교 6학년 국어.
교육부(2009). 초등학교 5학년 1학기 읽기.
김동일, 신을진, 이명경, 김형수 공저(2011). 학습상담. 서울: 학지사.
김소영, 서봉금, 김정섭(2014). 목표설정 중심의 시간관리 프로그램이 중학생의 진로 자기효능감에 미치는 효과. 사고개발, 2014,10(2), 31－47.
김소영, 최지만, 김정섭(2013). 학습컨설팅 프로그램이 초등학교 학습부진아의 주의집중력에 미치는 효과. 사고개발, 2013, 9(3), 43－61.
김영채(2005). 생각하는 독서. 서울: 박영사.
김영채(2011). 독서이해와 글쓰기. 서울: 교육과학사.
김의식(2012). 바보처럼 공부하고 천재처럼 꿈꿔라. 서울:명진출판.
김정섭(2009). 학습컨설팅의 중요성과 학습 컨설턴트의 역할. 학교심리와 학습컨설팅, 1(1), 19－33.
김정섭(2012). 교수학습센터를 위한 학습컨설팅. 교육심리연구, 26(4), 837－851.
김지영(2013). 자기조절학습프로그램이 초등 학습부진아의 학습동기와 학습전략에 미치는 영향. 부산대학교 대학원 석사학위 논문.
김지영, 김정섭(2014). 학교기반 학습컨설팅 프로그램이 초등학생의 학습전략에 미치는 효과. 학습자중심교과교육학회지, 14(6), 169－192.
김현영, 정영선(2010). 청소년을 위한 학습상담. 서울: 시그마프레스.
노지영(2011). 어린이를 위한 시간관리의 기술. 경기도: 위즈덤하우스.
박수홍, 안영식, 정주영(2010). 체계적 액션러닝. 서울: 학지사.
박은교(2011). 세계 1등 위인들이 들려주는 아주 특별한 시간관리 습관. 경기도: 니케북스.
사이언 베일락(2011). 부동의 심리학(박선령 역). 경기도: 21세기북스.
소년한국일보(2102). "꽃 · 풀잎 우산 속으로… 곤충들의 폭우 피하는 요령". 7월 29일.
신현숙(2005). 독서교육. 서울: 홍진P&M.
어린이동아(2012). "지구촌 '탄소 없애기' 대작전". 3월 12일.
어린이 동아(2012). "뜨거워진 한반도, '경북포도' 옛말". 8월 14일.
어린이 동아(2012). "확대되는 녹조현상". 8월 9일.
윤채영(2011). 전문가 모형의 학교기반 학습컨설팅 적용이 학습전략에 미치는 효과. 교육심리연구, 25(3), 545－567.
윤채영, 김정섭(2015). 학교기반 학습컨설팅 모형개발. 한국교육, 42(1), 107－135.
윤채영, 김정섭(2010). 예방적 학습컨설팅이 전환기 중학생의 학업동기에 미치는 영향. 중등교육연구, 58(3), 381－408.
윤채영, 황두경, 김정섭(2012). 초등 학습부진아와 일반아의 학업동기와 학습전략 특성 비교. 사고개발, 8(2), 125－149.
윤현주, 윤소영, 김정섭(2009). 주의집중전략 훈련이 초등학생의 학습태도와 학업성취도에 미치는 영향. 학교심리와 학습컨설팅, 1(1), 67－78.
이채윤(2006). 컴퓨터 병을 고치는 의사 안철수. 서울: 보물섬.
이화진, 임혜숙, 김선, 송현정, 홍순식, 조난심(1999). 초등학교 학습부진아용 교수－학습자료 개발: 학습동기 전략 프로그램 (CRC 1999－2). 서울: 한국교육과정평가원.
전도근(2012). 공부의 달인이 되는 기억력과 암기력 향상 전략(교사용 지도서). 서울: 학지사.
전도근(2011). 공부의 달인이 되는 기억력과 암기력 향상 전략(학생용 워크북). 서울: 학지사.
전도근(2010). 자기주도적 학습전략 시리즈 2: 공부의 달인이 되는 주의 집중력 향상 전략 교사용 지도서. 서울: 학지사.
정미선, 정세영(2012). 영재학생과 일반학생의 학습양식 비교. 영재교육연구, 2012, 22(2), 39－59.
정세영, 김정섭(2013). 전환기 중학생의 학습동기와 학습전략의 관계. 사고개발, 2013, 9(1), 161－176.
천경록, 이경화 역(2003). 독서지도론, 서울: 박이정.
최동선, 정향진, 이민욱, 문한나, 추연우, 현지훈(2014). 국가직무능력표준(NCS)학습모듈 활용방안 연구. 서울: 한국직업능력개발원.
최정원, 이영호(2006). 시험불안 다루기 전략 및 시험전략. 서울: 학지사.
표시정(2007). 은혜갚은 꿩. 서울: 씽크하우스.
한국콘텐츠진흥원(2005). "산사의 소리, 은혜 갚은 꿩". http://www.culturecontent.com (2015.8.20. 방문).
호아킴 데 포사다(2009). 마시멜로 이야기. 서울: 한국경제신문사.
황경렬(1997). 행동적, 인지적, 인지－행동 혼합적 시험불안 감소훈련의 효과비교. 한국심리학회지: 상담과 심리치료, 9(1), 57－80.
황두경, 김정섭(2014). 초등학교 학습부진학생의 시간관리능력과 학업적 자기효능감에 대한 시간관리 학습전략 프로그램의 효과. 사고개발, 10(4), 39－57.
Bobb Biehl, B., & Paul Swets. (2012). 꿈을 향한 31일간의 여행(박영인 역). 경기도: 큰나무(원저 2007에 출판).
Carolyn, C. (2012). 학습부진아 지도를 위한 220가지 전략 학습코칭(정종진 역.). 서울: 시그마 프레스(원저 2001 출판).
Finch, C. R., & Crunkilton, J. R.(1999). Curriculum development in vocational and technical education. planning, content, and implementation, MA : Allyn and Bacon.
Stephen R. Covey., A. Roser Merrill., & Rebecca R. Merrill. (1997). 소중한 것을 먼저 하라(김경섭 역). 서울: 박영사(원저 1994에 출판).

## 공저자약력


**김정섭**(KIM JungSub)

창의성교육, 비판적사고, 칭찬프로그램개발에 관심을 가지고 연구를 하였고, 최근에는 학습컨설팅을 토대로 한 학교심리학에 많은 관심을 가지고 있다. 현재 부산대학교 교육학과 교수로 근무하고 있다.

creativejin@pusan.ac.kr

**강명숙**(KANG MyungSuk)

인지, 정서, 행동문제로 어려움을 겪고 있는 학생들의 적응을 위한 학습컨설팅 및 창의력교육에 관심을 가지고 연구하고 있다. 현재 한국학습컨설팅센터장으로 근무하고 있다.

kangms386@hanmail.net

**윤채영**(YOON ChaeYoung)

학습컨설팅, 학습부진, 학습전략, 학습몰입, 학업중단, 학사경고 등에 관심을 가지고 연구하고 있다. 현재 신라대학교 교육혁신본부 교수로 근무하고 있다.

chaeyoungy@hanmail.net

**정세영**(JUNG SeYoung)

창의력과 글 이해에 대하여 관심을 가지고 연구하였고, 최근 학습컨설팅과 창의적 학습에 많은 관심을 가지고 있다. 현재 계명대학교 교수학습개발센터 교수로 근무하고 있다.

308580@hanmail.net

**김지영**(KIM JiYoung)

학습부진, 학습동기 및 학습전략에 관심을 가지고 연구하였으며, 최근 대학생의 진로/학습컨설팅과 수업참여에 많은 관심을 가지고 있다. 현재 경남대학교 대학혁신지원사업단 교수로 근무하고 있다.

chinkuya@hanmail.net

**김소영**(KIM SoYeong)

진로상담, 학습자 심리정서조절, 학습부진아 학습컨설팅, 진로학습컨설팅에 관심을 가지고 연구하고 있다. 현재 영산대학교 교수학습개발원 교수로 근무하고 있다.

donald9328@gmail.com

**황두경**(HWANG DuGyeong)

학습부진 및 시간관리에 관심을 가지고 연구를 하였고, 최근에는 대학생의 학습역량 강화 프로그램 개발에 많은 관심을 가지고 있다. 현재 동의대학교 교수학습개발센터 교수로 근무하고 있다.

hdk1225@deu.ac.kr

## 학습컨설팅 프로그램 시리즈

### 학습전략 프로그램

: 학습컨설턴트, 교사 등 전문가들을 위한 학습전략 프로그램 사용 안내서

- 학습전략 프로그램 1 : 시간관리
- 학습전략 프로그램 2 : 집중전략
- 학습전략 프로그램 3 : 기억전략
- 학습전략 프로그램 4 : 읽기전략
- 학습전략 프로그램 5 : 시험관리

### 학습전략 프로그램 워크북

: 프로그램에 따른 학습전략 사용능력 향상을 위한 실전용 학생 개별 활동지

- 학습전략 프로그램 워크북 1 : 시간관리
- 학습전략 프로그램 워크북 2 : 집중전략
- 학습전략 프로그램 워크북 3 : 기억전략
- 학습전략 프로그램 워크북 4 : 읽기전략
- 학습전략 프로그램 워크북 5 : 시험관리

학습컨설팅 시리즈
학습전략 프로그램 워크북 03 기억전략

초판발행 2020년 3월 4일

공저자 김정섭 · 강명숙 · 윤채영 · 정세영 · 김지영 · 김소영 · 황두경
펴낸이 노 현

편 집 조보나
기획/마케팅 이선경
표지디자인 조아라
제 작 우인도 · 고철민

펴낸곳 ㈜ 피와이메이트
서울특별시 금천구 가산디지털2로 53 한라시그마밸리 210호(가산동)
등록 2014. 2. 12. 제2018-000080호
전 화 02)733-6771
f a x 02)736-4818
e-mail pys@pybook.co.kr
homepage www.pybook.co.kr
ISBN 979-11-6519-007-1 94370
979-11-6519-011-8 94370(세트)



정 가 9,500원

박영스토리는 박영사와 함께하는 브랜드입니다.